ALPHABET INGÉNIEUX,

OU

MÉTHODE

Très-facile pour apprendre à lire en peu de jours.

A l'Usage des Écoles Chrétiennes.

par J. M[illegible]inier et P. [illegible].

A EVREUX,
Chez ANCELLE Fils, Imprimeur-Libr.

1815.

L'Usage de cet Alphabet ingénieux est non-seulement utile aux enfans, mais même à une infinité de personnes qui ne savent pas lire régulièrement, parcequ'elles n'ont jamais réfléchi sur la difficulté qu'il y a de savoir distinguer & assembler les syllabes ; ce que connaîtront clairement ceux qui se serviront de ce Livre : car il renferme la méthode d'apprendre à bien lire en peu de jours, & est absolument nécessaire pour l'orthographe, étant certain qu'on ne peut écrire un mot, qu'auparavant l'esprit n'en ait distingué & assemblé les syllabes. Ainsi, les fautes que l'on y fait, viennent de ce qu'on ne sait pas syllaber les mots, ne connaissant pas le nombre des lettres, ni les voyelles, ni les consonnes qu'il faut pour composer une syllabe.

De la Lettre.

La lettre est une partie indivisible du discours.

On compte ordinairement vingt-trois lettres ; mais en y ajoutant *j* & *v* consonnes, & *s* ronde ou finale, il y en a vingt-six, qui sont A, B, C, D, &c.

On nomme voyelles *a*, *e*, *i*, *o*, *u*, *y*, parce que ces lettres forment un son d'elles-mêmes.

On nomme consonnes les autres lettres, parce qu'elles sont jointes avec une voyelle.

Par exemple, la lettre *B* ne forme aucun son d'elle-même, si elle n'est suivie d'une des cinq voyelles, comme *Ba*, *Be*, *Bi*, *Bo*, *Bu*, il en est de même de toutes les autres lettres consonnes. Il est fort utile que les enfans qui apprennent à lire, soient instruits sur ceci.

L'*j* se distingue aussi de l'*i* voyelle par sa figure, & se joint aux voyelles pour faire les syllabes, comme *ja*, *je*, *ji*, *jo*, *ju*, &c.

L'*v* consonne se distingue aussi de l'*u* voyelle par sa figure, & se joint aux voyelles pour faire les syilabes, *va*, *ve*, *vi*, *vo*, *vu*, &c.

Or, la lecture de ce livre servira à détruire tous les doutes que l'esprit pourra avoir sur ce sujet, puisque l'on y a disposé à gauche les mots dans l'ordre commun & ordinaire ; & à droite, ces mots sont séparés par un trait perpendiculaire, & les syllabes par un trait horizontal. Cette méthode est d'un grand secours pour ceux qui sont enseignés, comme il se remarque dans les pays étrangers, qui se servent de cette manière d'enseigner avec un succès admirable. C'est ce qui a obligé à le rendre public.

A a b c d e f g h i j k l m n o
p q r ſ s t u v x y z.

Lettres Capitales.

A B C D E F G H I J K L M N
O P Q R S T U V X Y Z.

Lettres doubles.

& | ct | ff | ſſ | ſi | fi | fl | ſl | ſt | ffi | ffl | ſſi | æ | œ | w. |

Voyelles.

a | e | i | o | u | y. |

Conſonnes.

b | c | d | f | g | h | j | k | l | m |
n | p | q | r | ſ | t | v | x | z. |

a	b	c	d	e	f	g	h	ij	k	l	m
a	*b*	*c*	*d*	*e*	*f*	*g*	*h*	*ij*	*k*	*l*	*m*
n	o	p	q	r	ſs	t	u	v	x	y	z
n	*o*	*p*	*q*	*r*	*ſs*	*t*	*u*	*v*	*x*	*y*	*z*

A	B	C	D	E	F	G	H	IJ	K	L	M
A	*B*	*C*	*D*	*E*	*F*	*G*	*H*	*IJ*	*K*	*L*	*M*
N	O	P	Q	R	S	T	U	V	X	Y	Z
N	*O*	*P*	*Q*	*R*	*S*	*T*	*U*	*V*	*X*	*Y*	*Z*

SYLLABES.

a	e	i	o	u
ba	be	bi	bo	bu
ca	ce	ci	co	cu
da	de	di	do	du
fa	fe	fi	fo	fu
ga	ge	gi	go	gu
ha	he	hi	ho	hu
ja	je	ji	jo	ju
la	le	li	lo	lu
ma	me	mi	mo	mu
na	ne	ni	no	nu
pa	pe	pi	po	pu
qua	que	qui	quo	quu
ra	re	ri	ro	ru
sa	se	si	so	su
ta	te	ti	to	tu.
va	ve	vi	vo	vu
xa	xe	xi	xo	xu
za	ze	zi	zo	zu

SYLLABES.

a	e	i	o	u
ab	eb	ib	ob	ub
ac	ec	ic	oc	uc
ad	ed	id	od	ud
af	ef	if	of	uf
ag	eg	ig	og	ug
ah	eh	ih	oh	uh
al	el	il	ol	ul
am	em	im	om	um
an	en	in	on	un
ap	ep	ip	op	up
aq	eq	iq	oq	uq
ar	er	ir	or	ur
as	es	is	os	us
at	et	it	ot	ut
ax	ex	ix	ox	ux
ach	ech	ich	och	uch
aph	eph	iph	oph	uph
ast	est	ist	ost	ust

SYLLABES.

bla	ble	bli	blo	blu
cla	cle	cli	clo	clu
fla	fle	fli	flo	flu
gla	gle	gli	glo	glu
pla	ple	pli	plo	plu
ſla	ſle	ſli	ſlo	ſlu
tla	tle	tli	tlo	tlu
vla	vle	vli	vlo	vlu
bra	bre	bri	bro	bru
cra	cre	cri	cro	cru
dra	dre	dri	dro	dru
fra	fre	fri	fro	fru
gra	gre	gri	gro	gru
pra	pre	pri	pro	pru
tra	tre	tri	tro	tru
vra	vre	vri	vro	vru
chla	chle	chli	chlo	chlu
chra	chre	chri	chro	chru
pha	phe	phi	pho	phu
phla	phle	phli	phlo	phlu
phra	phre	phri	phro	phru
tha	the	thi	tho	thu
thra	thre	thri	thro	thru
tia	tie	tii	tio	tiu
ça	ce	ci	ço	çu

DIPHTONGUES FRANÇAISES.

ai, *j'ai*, *ſerai*, *trait*, *palais.*
aill, *paille*, *bâiller*, *bailler*, *travailler*, *vaillant.*
ao, *laon*, *paon*, *faon.*
au, *haut*, *cauſe*, *maux*, *ſaut.*
ay, *balayer*, *rayons*, *payſan*, *payer*, *paye.*
ea, *Jean*, *engeance*, *jugea*, *mangeant.*
eau, *beau*, *de l'eau*, *jumeaux*, *sceaux*, *seau.*
œil, *œil*, *œillière*, *œillade*, *œilleterie.*
œu, *ſœur*, *cœur*, *des œufs*, *un vœu*, *un bœuf.*
ei, *le ſeing*, *le ſein*, *les reins*, *peint*, *feindre.*
eille, *veille*, *vermeille*, *ſurveiller*, *appareiller.*
eo, *plongeon*, *pignons*, *ſongeons*, *jugeons.*
eoi, *Bourgeois*, *mangeoire*, *je changeois.*
eu, *feu*, *fleurir*, *peur*, *heureux*, *malheureux.*
euil, *un écureuil*, *feuille*, *mareuil*, *Montreuil.*
oi, *loi*, *emploi*, *voir*, *loin*, *faiſoit*, *François.*
oie, *une oie*, *avoient*, *crioient*, *buvoient.*
on, *bon*, *don*, *mon*, *non*, *son*, *ton.*
os & ot, *dos*, *dot*, *los*, *lot*, *pot*, *rôt*, *sot*, *tôt*, *vos.*
ou, *tout*, *poudre*, *moudre*, *houcou*, *hibou*, *doux.*
oui, *ouir*, *fouir*, *dépouille*, *mouiller.*
ouill, *mouille*, *quenouille*, *gazouiller*, *bouille.*
ous, oux, *doux*, *houx*, *sous*, *tous*, *vous.*
out, *bout*, *coût*, *goût*, *moût*, *tout.*
oy, *croyez*, *voyons*, *clairvoyance.*
ui, *lui*, *conduit*, *vuide*, *ſuivre*, *une ſuivante.*
ueil, *recueil*, *cueillir*, *orgueil*, *un fauteuil.*
ueu, *gueule*, *longueur*, *gueuſer*, *liqueur.*
ut, *but*, *crut*, *dut*, *fut*, *fût*, *lut*, *put*, *tût.*

L'ORAISON de Notre-Seigneur Jesus-Christ.

NOtre Pere qui êtes aux Cieux : Que votre nom soit sanctifié. Que votre regne arrive. Que votre volonté soit faite en la terre comme au ciel. Donnez-nous aujourd'hui notre pain de chaque jour. Et pardonnez-nous nos offenses comme nous pardonnons à ceux qui nous ont offensés. Et ne nous induisez point en tentation, mais délivrez-nous du mal. Ainsi soit-il.

La Salutation Angélique.

JE vous salue, Marie, pleine de grâce, le Seigneur est avec vous; vous êtes bénie entre les femmes,

L'O-RAI-SON | de | No-tre- | Sei-gneur | Je-ſus- | Chriſt. |

NO-tre | Pe-re | qui | ê-tes | aux | Cieux: | Que | vo-tre | Nom | ſoit | ſanc-ti-fié. | Que | vo-tre | re-gne | ar-ri-ve. | Que | vo-tre | vo-lon-té | ſoit | fai-te | en | la | ter-re | com-me | au | ciel. | Don-nez- | nous | au-jour-d'hui | no-tre | pain | de | cha-que | jour. | Et | par-don-nez- | nous | nos | of-fen-ſes | com-me | nous | par-don-nons | à | ceux | qui | nous | ont | of-fen-ſés. | Et | ne | nous | in-dui-ſez | point | en | ten-ta-tion, | mais | dé-li-vrez- | nous | du | mal. | Ain-ſi | ſoit- | il.

La | Sa-lu-ta-ti-on | An-gé-li-que. |

JE | vous | ſa-lue, | Ma-rie, | plei-ne | de | grâ-ce, | le | Sei-gneur | eſt | avec | vous; | vous | ê-tes | bé-nie | en-tre | les | fem-mes, |

et Jesus, le fruit de vos entrailles, est béni.

Sainte Marie, Mere de Dieu, priez pour nous, pauvres pécheurs, maintenant et à l'heure de notre mort. Ainsi soit-il.

Le Symbole des Apôtres.

JE crois en Dieu le Pere Tout-Puissant, Créateur du ciel et de la terre. Et en Jesus-Christ son Fils unique Notre-Seigneur, qui a été conçu du Saint-Esprit, est né de la Vierge-Marie, a souffert sous Ponce-Pilate, a été crucifié, est mort et a été enseveli; est descendu aux enfers; et le troisieme jour est ressuscité d'entre les morts; est monté aux cieux; et est assis à la droite de Dieu le

&

& | Jé-ſus | le | fruit | de | vos | en-trail-les | eſt | bé-ni. |

Sain-te | Ma-rie, | me-re | de | Dieu, | pri-ez | pour | nous | pau-vres | pé-cheurs | main-te-nant | & | à | l'heu-re | de | no-tre | mort. | Ain-ſi | ſoit- | il.

Le | Sym-bo-le | des | A-pô-tres. |

JE | crois | en | Dieu | le | Pe-re | tout-puiſ-ſant, | Cré-a-teur | du | ciel | & de | la | ter-re. | Et | en | Jé-ſus- | Chriſt | ſon | fils | u-ni-que | no-tre | Sei-gneur, | qui | a | é-té | con-çu | du | Saint | Eſ-prit, | eſt | né | de | la | Vier-ge | Marie, | a | ſouf-fert | ſous | Pon-ce | Pi-la-te, | a | é-té | cru-ci-fi-é, | eſt | mort | & | a | é-té | en-ſe-ve-li, | eſt | deſ-cen-du | aux | en-fers, | & | le | troi-ſi-è-me | jour | eſt | reſ-ſuſ-ci-té | d'en-tre | les | morts; | eſt | mon-té | aux | cieux, | & | eſt | aſ-ſis | à | la | droi-te | de | Dieu | le | Pe-re |

Pere tout-puissant, d'où il viendra juger les vivans & les morts.

Je crois au Saint-Esprit, à la sainte Eglise Catholique, la communion des Saints, la rémission des péchés, la résurrection de la chair, & la vie éternelle. Ainsi soit-il.

JE me confesse à Dieu tout-puissant, à la bienheureuse Marie toujours Vierge, à saint Michel Archange, à saint Jean-Baptiste, aux Apôtres saint Pierre & saint Paul, à tous les Saints, parce que j'ai beaucoup péché par pensées, par paroles & par actions : c'est ma faute, c'est ma faute, c'est ma très-grande faute. C'est pourtout-|puiſ-ſant, | d'où | il | vien-dra | ju-ger | les | vi-vans|&|les | morts.|

Je | crois | au | Saint- | Eſ-prit, | la | ſain-te | E-gli-ſe | Ca-tho-li-que, | la | com-mu-ni-on | des | Saints, | la | ré-miſ-ſi-on | des | pé-chés, | la | ré-ſur-rec-ti-on | de | la | chair, | & | la | vie | é-ter-nel-le. | Ain-ſi | ſoit- | il. |

JE | me | con-feſ-ſe | à | Dieu | tout-| puiſ-ſant, | à | la | bien | heu-reu-ſe | Ma-rie | tou-jours | Vier-ge, | à | ſaint-| Mi-chel | Ar-chan-ge, | à | ſaint | Jean-| Bap-tiſ-te, | aux | A-pô-tres | ſaint | Pier-re | & | ſaint | Paul, | à | tous | les | ſaints, | par-ce | que | j'ai | beau-coup | pé-ché | par | pen-ſées, | par | pa-ro-les | & | par | ac-ti-ons : | c'eſt | ma | fau-te, | c'eſt | ma | fau-te, | c'eſt | ma | très-| gran-de | fau-te. | C'eſt | pour-quoi |

quoi je supplie la bienheureuse Marie toujours Vierge, saint Michel Archange, saint Jean-Baptiste, les Apôtres saint Pierre & saint Paul & tous les Saints, de prier pour moi le Seigneur notre Dieu. Ainsi soit-il.

QUe Dieu tout-puissant nous fasse miséricorde, qu'il nous pardonne nos péchés, & nous conduise à la vie éternelle. Ainsi soit-il.

QUe le Seigneur tout-puissant & miséricordieux nous accorde le pardon, l'absolution & la rémission de tous nos péchés. Ainsi soit-il.

je | ſup plie | la | bien-heu-reu-ſe | Ma-rie|tou jours|Vier-ge, | ſaint | Mi-chel | Ar-chan-ge, | ſaint | Jean-|Bap-tiſ-te, |les|A-pô tres|ſaint| Pier-re|&| ſaint |Paul, | tous|les|Saints|de|pri-er| pour|moi|le|Sei-gneur | no-tre|Dieu. | Ain-ſi|ſoit-|il.|

QUE | Dieu | tout-|puiſ-ſant|nous| faſ-ſe|mi-ſé-ri-cor-de, |qu'il|nous| par-don-ne|nos|pé-chés, |&|nous |con-dui-ſe | à | la | vie | é-ter-nel-le. | Ain-ſi | ſoit-|il. |

QUE|le|Sei-gneur | tout-| puiſ-ſant | & |mi-ſé-ri-cor-dieux | nous | ac-cor-de|le|par-don, |l'ab-ſo-lu-ti-on | &| la|ré-miſ-ſi-on| de|tous|nos| pé-chés. | Ain-ſi|ſoit-|il.|

La Bénédiction de la Table.

BEnissez : (ce sera le Seigneur.) Que la droite de Jésus-Christ nous bénisse avec toutes ces choses que nous allons prendre pour notre nourriture. Au nom du Pere, & du Fils, & du Saint-Esprit, Ainsi soit-il.

Actions de grâces après le repas.

O Roi, ô Dieu tout-puissant, nous vous rendons grâces pour tous vos bienfaits, vous qui vivez & régnez dans tous les siecles des siecles. Ainsi soit-il.

Les dix Commandemens de Dieu.

1. UN seul Dieu tu adoreras,
Et aimeras parfaitement.

2. Dieu en vain tu ne jureras,

La|Bé-né-dic-ti-on|de|la|Ta-ble.

BE-niſ-ſez :|(ce|ſe-ra|le|Sei-gneur.)| Que|la|droi-te|de|Jé-ſus-|Chriſt| nous|bé-niſ-ſe|a-vec|tou-tes|ces|cho-ſes|que|nous|al-lons|pren-dre|pour| no tre|nour-ri-tu-re.|Au|nom|du| Pe-re,|&|du|Fils,|&|du|Saint-| Eſ-prit.|Ain-ſi|ſoit-|il.|

Ac-ti-ons|de|grâ-ces|a-près|le|re-pas.|

O|Roi,|ô|Dieu|tout-|puiſ-ſant,| nous|vous|ren-dons|grâ-ces| pour|tous|vos|bien-faits,|vous|qui| vi-vez|&|ré-gnez|dans|tous|les| ſie-cles|des|ſie-cles.|Ain-ſi|ſoit-|il.|

Les|dix|Com-man-de-mens|de|Dieu.

1. UN|ſeul|Dieu|tu|a-do-re-ras,| Et|ai-me-ras|par-fai-te-ment.|

2. Dieu|en|vain|tu|ne|ju-re-ras,|

Ni autre chose pareillement.

3. Les Dimanches tu garderas,
En servant Dieu dévotement.

4. Tes pere & mere honoreras,
Afin de vivre longuement.

5. Homicide point ne seras,
De fait ni volontairement.

6. Luxurieux point ne seras,
De corps ni de consentement.

7. Le bien d'autrui tu ne prendras,
Ni retiendras à ton escient.

8. Faux témoignage ne diras,
Ni mentiras aucunement.

9. L'œuvre de chair ne désireras,
Qu'en mariage seulement.

10. Bien d'autrui ne convoiteras,
Pour les avoir injustement.

Ni|au-tre|cho-ſe|pa-reil-le-ment.|

3. Les|Di-man-ches|tu|gar-de-ras,|
En|ſer-vant|Dieu|dé-vo-te-ment.|

4. Tes|pe-re|&|me-re|ho-no-re-ras,|
A-fin|de|vi-vre|lon-gue-ment.|

5. Ho-mi-ci-de|point|ne|ſe-ras,|
De|fait|ni|vo-lon-tai-re-ment.|

6. Lu-xu-ri-eux|point|ne|ſe-ras,|
De|corps|ni|de|con-ſen-te-ment.|

7. Le|bien|d'au-trui|tu|ne|pren-dras,|
Ni|re-tien-dras|à|ton|eſ-cient.|

8. Faux|té-moi-gna-ge|ne|di-ras,|
Ni|men-ti-ras|au-cu-ne-ment.|

9. L'œu-vre|de|chair|ne|dé-ſi-re-ras,|
Qu'en|ma-ria-ge|ſeu-le-ment.|

10. Biens|d'au-trui|ne|con-voi-te-ras,|
Pour|les|a-voir|in-juſ-te-ment.|

Les six Commandemens de l'Eglise.

1. LES Fêtes tu sanctifieras,
Qui te sont de commandement.
2. Les Dimanches la Messe ouïras,
Et les Fêtes pareillement.
3. Tous tes péchés confesseras,
A tout le moins une fois l'an.
4. Ton Créateur tu recevras,
Au moins à Pâques humblement.
5. Quatre tems, Vigiles jeûneras,
Et le Carême entièrement.
6. Vendredi chair ne mangeras,
Ni le Samedi pareillement.

Les sept Pseaumes de la Pénitence.

PSEAUME 6.

SEigneur, ne me reprenez point dans votre fureur, & ne me corrigez point dans votre colere.

Les|ſix|Com-man-de-mens|de|l'E-gli-ſe.|

1. LES|Fê-tes|tu|ſanc-ti-fie ras,|
Qui|te|ſont|de|com-man-de-ment.|

2. Les|Di-man-ches|la-Meſ-ſe|ouï-ras|
Et|les|Fê-tes|pa-reil-le-ment.|

3. Tous|tes|pé-chés|con-feſ-ſe ras,|
A|tout|le|moins|u-ne|fois|l'an.|

4. Ton|Cré-a-teur|tu|re-ce-vras,|
Au|moins|à|Pâ-ques|hum-ble-ment.|

5. Qua-tre-|tems,|vi-gi-les|jeû-ne-ras,|
Et|le|Ca-rê-me|en-tiè-re-ment.|

6. Ven-dre-di|chair|ne|man-ge-ras,|
Ni|le|Sa-me-di|pa-reil-le-ment.|

Les|ſept|Pſeau-mes|de|la|pé-ni-ten-ce.|

PSEAU-ME|6.|

SEi-gneur,|ne|me|re-pre-nez|point|dans|vo-tre|fu-reur,|&|ne|me|cor-ri-gez|point|dans|vo-tre|co-le-re.|

Ayez pitié de moi, Seigneur, parce que je suis foible ; Seigneur, guérissez-moi, car le mal qui me ronge a passé dans mes os, qui en sont tous ébranlés.

Mon ame est abattue de tristesse ; mais vous, Seigneur, jusques à quand différerez vous ma guérison ?

Tournez vos yeux sur moi, Seigneur, & sauvez mon ame de tous dangers ; délivrez-moi par votre grande bonté & miséricorde.

Car on ne se souvient point de vous parmi les morts ; qui sera capable de célébrer vos louanges dans les enfers ?

Je me suis tourmenté jusques à

A-yez|pi-ti-é|de|moi, |Sei-gneur, |par-ce|que|je|ſuis|foi-ble;|Sei-gneur,|gué-riſ-ſez |moi; |car |le|mal|qui|me|ron ge| a| paſ-ſé|dans |mes|os, | qui |en|ſont|tout|é-bran-lés. |

Mon | a-me | en | eſt | a-bat-tue| de| triſ-teſ-ſe; | mais | vous, | Sei-gneur, | juſ ques | à | quand | dif-fé-re-rez|vous | ma|gué-ri-ſon ? |

Tour-nez|vos | yeux|ſur | moi, | Sei-gneur, |&|ſau vez|mon|a me|de| tous| dan-gers; | dé-li-vrez-|moi|par|vo-tre| gran-de|bon-té|&|mi-ſé-ri-corde.|

Car | on | ne | ſe | ſou-vient|point|de| vous|par-mi|les|morts; |& | qui | ſe-ra| ca-pa-ble|de|cé-lé brer|vos|lou-an-ges| dans|les|en-fers? |

Je|me | ſuis|tour-men-té | juſ-ques|à|

ce point dans mes gémissemens, que toutes les nuits mon lit est baigné et même percé de mes larmes.

Les douleurs m'ont fait pleurer si amerement, que j'en perds les yeux : je suis vieilli par le chagrin de voir mes ennemis se rire de mon tourment.

Mais éloignez-vous de moi, vous qui persistez toujours dans votre méchanceté : car Dieu a écouté favorablement la voix de mes pleurs.

Le Seignenr a exaucé ma priere ; le Seigneur a reçu mon oraison.

Que tous mes ennemis en rouce|point|dans|mes|gé-mis-se-mens,|que|tou-tes|les|nuits|mon|lit|est|bai-gné|&|mê-me|per-cé|de|mes|lar-mes.|

Les|dou-leurs|m'ont|fait|pleu-rer|si|a-me-re-ment,|que|j'en|perds|les|yeux.|Je|suis|vieil-li|par|le|cha-grin|de|voir|mes|en-ne-mis|se|ri-re|de|mon|tour-ment.|

Mais|re-ti-rez-|vous|de|moi,|vous|qui|per-sis-tez|tou-jours|dans|vo-tre|mé-chan-ce-té:|car|*Dieu*|a|é-cou-té|fa-vo-ra-ble-ment|la|voix|de|mes|pleurs.|

Le|Sei-gneur|a|e-xau-cé|ma|pri-e-re,|le|Sei-gneur|a|re-çu|mon|o-rai-son.|

Que|tous|mes|en-ne-mis|en|rougissent de honte, & soient saisis d'une agitation violente; qu'ils s'en retournent couverts de confusion & de honte.

Gloire soit au Pere, &c.

PSEAUME 31.

HEureux sont ceux dont les iniquités sont effacées, & dont les péchés sont pardonnés.

Heureux est l'homme à qui Dieu n'impute point le péché qu'il a commis, & dont l'esprit est exempt de dissimulation.

Parce que je ne vous ai point avoué ma faute, mes os ont été affoiblis, à force de pousser des cris la nuit & le jour.

Votre main s'est appesantie

gis-sent | de | hon-te, | & | soient | sai-sis | d'u-ne | a-gi-ta-ti-on | vi-o-len-te ; | qu'ils | s'en | re-tour-nent | cou-verts | de | con-fu-si-on | & | de | honte. |

Gloi-re | soit | au | Pe-re, | &c. |

PSEAU-ME | 31. |

HEu-reux | sont | ceux | dont | les | i-ni-qui-tés | sont | ef-fa-cées, | & | dont | les | pé-chés | sont | par-don-nés. |

Heu-reux | est | l'hom-me | à | qui | Dieu | n'im-pu-te | point | le | pé-ché | qu'il | a | com-mis, | & | dont | l'es-prit | est | e-xempt | de | dis-si-mu-la-ti-on. |

Par-ce | que | je | ne | vous | ai | point | a-vou-é | ma | faute, | mes | os | ont | é-té | af-foi-blis | à | for-ce | de | pous-ser | des | cris | la | nuit | & | le | jour. |

Vo-tre | main | s'est | ap-pe-san-tie |

sur moi tant que le jour & la nuit ont duré : je me suis tourné vers vous dans mon affliction, qui étoit pour moi une épine qui me causoit les plus cuisantes douleurs.

C'est pourquoi je vous ai déclaré mon péché, & je ne vous ai point caché mon injustice.

J'ai dit : il faut que je confesse contre moi-même mon injustice au Seigneur ; & vous m'avez remis l'impiété de mon crime.

C'est ce qui portera tout homme saint à vous adresser ses prieres dans le tems propre à trouver miséricorde.

Et quand même un déluge d'eaux

ſur | moi | tant | que | le | jour | & | la | nuit | ont | du-ré; | je | me | ſuis | tour-né | vers | vous | dans | mon | af-flic-ti-on , | qui | é-toit | pour | moi | u-ne | é-pi ne | qui | me | cau-ſoit | les | plus | cui-ſan-tes | dou-leurs. |

C'eſt | pour-quoi | je | vous | ai | dé-cla-ré | mon | pé-ché, | & | je | ne | vous | ai | point | ca-ché | mon | in-juſ-ti-ce. |

J'ai | dit: | il | faut | que | je | con-feſ-ſe | con-tre | moi- | mê-me | mon | in-jus-ti-ce | au | Sei-gneur, | & | vous | m'a-vez | re-mis | l'im-pi-é-té | de | mon | cri-me. |

C'eſt | ce | qui | por-te-ra | tout | hom-me | ſaint | à | vous | a-dreſ-ſer | ſes | pri-e-res | dans | le | tems | pro-pre | à | trou-ver | mi-ſé-ri-cor-de. |

Et | quand | mê-me | un | dé-lu-ge | d'eaux |

inonderoit toute la terre, elles n'approcheroient point de lui.

Vous êtes mon asyle contre toutes les adversités qui m'environnent : ô Dieu, qui êtes ma joie, délivrez-moi des ennemis dont je suis assiégé.

Je vous donnerai l'intelligence, me dites-vous ; je vous enseignerai le chemin que vous devez tenir : j'arrêterai mes regards sur vous.

Ne devenez point semblable au cheval & au mulet, animaux sans intelligence.

Retenez avec le mors & la bride, ceux qui, indociles, ne

i-non-de-roit|tou-te|la|ter-re, |el-les| n'ap-pro-che-roient|point|de|lui.|

Vous|ê-tes|mon|a-ſy-le|con-tre| tou-tes|les|ad-ver-ſi-tés|qui|m'en-vi-ron-nent, |ô|Dieu, |qui|ê-tes|ma| joie, |dé-li-vrez-|moi|des|en-ne-mis| dont|je|ſuis|aſ-ſié-gé.|

Je|vous|don-ne-rai|l'in-tel-li-gen-ce,| me|di-tes-|vous; |je|vous|en-ſei-gne-rai|le|che-min|que|vous|de-vez|te-nir; |j'ar-rê-te-rai|mes|re-gards|ſur| vous.|

Ne|de-ve-nez|point|ſem-bla-ble| au|che-val|&|au|mu-let, |a-ni-maux| ſans|in-tel-li-gen-ce.|

Re-te-nez|a-vec|le|mors|&|la bri-de, |ceux|qui, |in-do-ci-les, |ne|

veulent point s'approcher de vous.

Plusieurs afflictions se répandront sur le pécheur ; mais la miséricorde environnera celui qui met son espérance dans le Seigneur.

Justes, réjouissez-vous donc dans le Seigneur, & tressaillez d'allégresse ; publiez sa gloire, vous tous qui avez le cœur droit.

Gloire soit au Pere, &c.

PSEAUME 37.

SEigneur, ne me reprenez point dans votre fureur, & ne me corrigez point dans votre colere.

Car j'ai déjà senti les profondes blessures que vos flèches ont faites

veu-lent|point|s'ap-pro-cher|de|vous.|

Plu-ſieurs | af-flic-ti-ons | ſe | ré-pan-dront|ſur|le|pé-cheur; | mais | la | mi-ſé-ri-cor-de | en-vi-ron-ne-ra | ce-lui | qui | met | ſon | eſ-pé-ran-ce | dans | le | Sei-gneur.|

Juſ-tes,|ré-jouiſ-ſez-|vous|donc|dans| le | Sei-gneur, | & | treſ-ſail-lez | d'al-lé-greſ-ſe; | pu-bli-ez | ſa|gloi-re, | vous | tous|qui|a-vez|le|cœur|droit.|

Gloi-re|ſoit|au|Pe-re, | &c. |

PSEAU-ME | 37. |

SEi-gneur, | ne | me | re-pre-nez | point | dans | vo-tre|fu-reur, | ne | me | cor-ri-gez | point | dans | vo-tre | co-le-re. |

Car | j'ai | dé-jà | ſen-ti | les | pro-fon-des | bleſ-ſu-res | que | vos | flè-ches | ont | fai-tes | en | moi; |

en moi ; & vous avez appesanti votre main sur moi.

Ma chair, toute couverte d'ulceres, éprouve les effets de votre colere ; & , à la vue de mes péchés, mes os ne reçoivent aucun repos.

Car mes iniquités, semblables à des flots, se sont élevées par-dessus ma tête ; & la pesanteur de leur fardeau m'accable sous leur faix.

La pourriture & la corruption se sont introduites dans mes cicatrices, effet de mon égarement & de ma folie.

Je suis devenu sous le poids de

& | vous | a-vez | ap-pe-ſan-ti | vo-tre |
main|ſur|moi.|

Ma | chair | tou-te | cou-ver-te | d'ul-
ce-res | é-prou-ve | les | ef-fets | de |
vo-tre|co-le-re ; | & | à | la | vue | de |
mes | pé-chés, | mes | os | ne | re-çoi-
vent|au-cun|re-pos.|

Car|mes|i-ni-qui-tés,|ſem-bla-bles|à|
des|flots,|ſe|ſont|é-le-vées|par|deſ-ſus|
ma|tê-te; | & | la | pe-ſan-teur | de | leur|
far-deau|m'ac-ca-ble|ſous|leur|faix.|

La|pour-ri-tu-re|&|la|cor-rup-tion|
ſe|ſont|in-tro-dui-tes | dans | mes|ci-ca-
tri-ces, | ef-fet | de | mon | é-ga-re-ment|
&|de|ma|fo-lie.|

Je | ſuis | de-ve-nu | ſous | le | poids|

de ma misere courbé & abattu ; je marche tout le jour avec un visage triste & défiguré.

Je sens mes reins pleins d'une ardeur excessive, qui me brûle, & je n'ai plus aucune partie saine dans mon corps.

Je suis affligé & tombé dans la derniere humiliation, & mon cœur pousse des sanglots & des gémissemens.

Seigneur, vous voyez où tendent toutes mes intentions : & mes gémissemens ne vous sont point cachés.

Mon cœur est rempli de troubles, toute ma force m'a abande | ma | mi-ſe-re | cour-bé | & | a-bat-tu ; | je | mar-che | tout | le | jour | a-vec | un | vi-ſa-ge | triſ-te | & | dé-fi-gu-ré. |

Je | ſens | mes | reins | pleins | d'u-ne | ar-deur | ex-ceſ-ſi-ve | qui | me | brû-le ; | & | je | n'ai | plus | au-cu-ne | par-tie | ſai-ne | dans | mon | corps. |

Je | ſuis | af-fli-gé | & | tom-bé | dans | la | der-ni-e-re | hu-mi-li-a-ti-on, | & | mon | cœur | pouſ-ſe | des | ſan-glots | & | des | gé-miſ-ſe-mens. |

Sei-gneur, | vous | vo-yez | où | ten-dent | tou-tes | mes | in-ten-ti-ons ; | & | mes | gé-miſ-ſe-mens | ne | vous | ſont | point | ca-chés. |

Mon | cœur | eſt | rem-pli | de | trou-bles, | tou-te | ma | for-ce | m'a | a-bandonné, & même la lumiere de mes yeux est éteinte.

A la vue de mon état pitoyable, mes amis & mes proches se sont éloignés de moi, & se sont déclarés contre moi.

Ceux qui m'étoient le plus attachés se sont retirés, & ceux qui cherchent à m'ôter la vie, emploient des moyens violens.

Ceux qui méditent ma ruine, épient les occasions de me nuire; ils tiennent des discours de moi pleins de vanité & de mensonge; ils concertent tout le jour des artifices pour me perdre.

Mais je suis comme un sourd, je ne les écoute point, & comme un muet, qui n'ouvre pas la bouche.

don-né; | & | mê-me | la | lu-mi-e-re | de | mes | yeux | eft | é-tein-te. |

A | la | vue | de | mon | é-tat | pi-to-ya-ble, | mes | a-mis | & | mes | pro-ches | ſe | ſont | é-loi-gnés | de | moi, | & | ſe | ſont | dé-cla-rés | con-tre | moi. |

Ceux | qui | m'é-toient | le | plus | at-ta-chés | ſe | ſont | re-ti-rés, | & | ceux | qui | cher-chent | à | m'ô-ter | la | vie | em-ploient | des | mo-yens | vi-o-lens. |

Ceux | qui | mé-di-tent | ma | ru-i-ne | é-pient | les | oc-ca-ſi-ons | de | me | nui-re; | ils | tien-nent | des | diſ-cours | de | moi | pleins | de | va-ni-té | & | de | men-ſon-ge; | ils | con-cer-tent | tout | le | jour | des | ar-ti-fi-ces | pour | me | per-dre. |

Mais | je | ſuis | com-me | un | ſourd, | & | je | ne | les | é-cou-te | point, | & | com-me | un | mu-et, | qui | n'ou-vre | pas | la | bou-che. |

J'ai bouché mes oreilles à tous leurs reproches, & ma langue n'a point eu la peine de repousser leurs injures.

Parce qu'en vous, Seigneur, j'ai mis toute mon espérance : Seigneur mon Dieu, vous exaucerez, s'il vous plaît ma priere.

Je vous prie que mes ennemis ne se glorifient point de mes miseres : ni que dès le moment que je fais un faux pas, ils se dressent contre moi pour me faire tomber.

Je suis pourtant disposé à souffrir toujours la persécution : & la douleur que j'ai méritée, se

J'ai | bou-ché | mes | o-reil-les | à | tous | leurs | re-pro-ches, | & | ma | lan-gue | n'a | point | eu | la | pei-ne | de | re-pouſ-ſer | leurs | in-ju-res. |

Par-ce | qu'en | vous, | Sei-gneur, | j'ai | mis | tou-te | mon | eſ-pé-ran-ce : | Sei-gneur, | mon | Dieu, | vous | e-xau-ce-rez, | s'il | vous | plaît, | ma | pri-e-re: |

Je | vous | prie | que | mes | en-ne-mis | ne | ſe | glo-ri-fient | point | de | mes | mi-ſè-res : | ni | que | dès | le | mo-ment | que | je | fais | un | faux | pas, | ils | ſe | dreſ-ſent | con-tre | moi | pour | me | fai-re | tom-ber. |

Je | ſuis | pour-tant | diſ-po-ſé | à | ſouf-frir | tou-jours | la | per-ſé-cu-ti-on : | & | la | dou-leur | que | j'ai | mé-ri-tée, | ſe |

présente continuellement à mes yeux.

Car j'avoue que j'ai commis de grandes iniquités, & je ne propose à ma pensée jour & nuit, que l'objet de mon crime.

Cependant mes ennemis vivent contens ; ils se fortifient contre moi, & leur nombre augmente tous les jours.

Ceux qui rendent le mal pour le bien, m'ont été contraires ; parce que j'aime la paix & la douceur.

Seigneur, ne m'abandonnez point dans ces périls : mon Dieu, ne vous éloignez point de moi.

Venez promptement à mon seré-ſen-te | con-ti-nu-el-le-ment | à | mes | yeux. |

Car | j'a-voue | que | j'ai | com-mis | de | gran-des | i-ni-qui-tés, | & | je | ne | pro-po-ſe | à | ma | pen-ſée | jour | & | nuit | ue. | l'ob-jet | de | mon | cri-me. |

Ce-pen-dant | mes | en-ne-mis | vi-vent | con-tens ; | ils | ſe | for-ti-fient | con-tre | moi, | & | leur | nom-bre | aug-men-te | tous | les | jours. |

Ceux | qui | ren-dent | le | mal | pour | le | bien, | m'ont | é-té | con-trai-res, | par-ce | que | j'ai-me | la | paix | & | la | dou-ceur. |

Sei-gneur, | ne | m'a-ban-don-nez | point | dans | ces | pé-rils : | mon | Dieu, | ne | vous | é-loi-gnez | point | de | moi. |

Ve-nez | promp-te-ment | à | mon | ſecours, mon Seigneur & mon Die puisque vous êtes mon salut.

Gloire soit au Pere, &c.

Pseaume 50.

Mon Dieu, ayez pitié de mo selon votre grande misér corde ;

Et selon la multitude de vo bontés, effacez mon iniquité.

Versez abondamment sur moi de quoi me laver de mes fautes; nettoyez-moi de mon péché.

Je reconnois mes offenses, & mon crime est toujours contre moi.

Contre vous seul j'ai péché, & j'ai commis devant vos yeux tout le mal dont je me sens coupable : soyez reconnu véritable en vos

rs; | mon | Sei-gneur | & | mon | Dieu, |
s que | vous | ê-tes | mon | sa-lut. |

Gloi-re | soit | au | Pe-re, | &c. |

PSEAU-ME | 50. |

ON | Dieu, | a-yez | pi-ti-é | de |
moi; | se-lon | vo-tre | gran-de |
i-sé-ri-cor-de; |

Et | se-lon | la | mul-ti-tu-de | de | vos |
tés, | ef-fa-cez | mon | i-ni-qui-té. |

Ver | sez | a-bon-dam-ment | sur | moi |
e | quoi | me | la-ver | de | mes | fau-tes; |
et-to yez | moi | de | mon | pé-ché. |

Je | con nois | mes | of fen-ses | & | mon
ri-me | est | tou-jours | con tre | moi.

Con-tre | vous | seul | j'ai | pé-ché, | & |
j'ai | com-mis | de-vant | vos | yeux | tout |
e | mal | dont | je | me | sens | cou-pa-ble: |
so-yez | re-con-nu | vé-ri-ta-ble | en | vos |

promesses, & demeurez victorieux quand vous prononcerez vos jugegemens.

J'ai été souillé de vices dès l'instant de ma formation, & ma mere ma conçu dans le péché.

Mais pourtant, comme vous avez toujours aimé la vérité, aussi vous a-t-il plu me révéler les mysteres secrets de votre divine sagesse.

Arrosez-moi d'hyssope, & je serai nettoyé; lavez-moi, & je deviendrai plus blanc que la neige.

Faites-moi entendre la voix intérieure de votre Saint-Esprit, qui me comblera de joie; & elle pro-

pro-mef-fes, |de-meu-rez|vic-to-ri-eux| quand | vous | pro-non-ce-rez | vos | ju-ge-mens. |

J'ai | é-té | fouil-lé | de|vi-ces| dès| l'inf-tant|de|ma|for-ma-ti-on, | & |ma| me-re|m'a|con-çu|dans|le|pé-ché.|

Mais | pour-tant|com-me | vous|a-vez | tou-jours | ai-mé | la | vé-ri-té, | auf-fi|vous|a-|t-|il | plu | me |ré-vé-ler | les | myf-te-res|les|plus|fe-crets | de | vo-tre|fa-gef-fe.|

Ar-ro-fez-|moi|d'hyf-fo-pe, | & | je| fe-rai|né-to-yé; |la-vez-|moi, | & | je | de-vi-en-drai| plus | blanc | que | la | nei-ge.|

Fai-tes-|moi | en-ten-dre|la|voix |in-té-ri-eu-re|de|vo-tre|Saint-|Ef-prit, | qui|me|com-ble-ra|de|joie, |& | el-le|

ira jusque dans mes os affoiblis par le travail.

Détournez vos yeux de mes péchés, & effacez les taches de mes iniquités.

Mon Dieu, mettez un cœur net dans mon sein ; renouvellez dans mes entrailles l'esprit d'innocence.

Ne me condamnez point à demeurer éloigné de votre présence ; ne retirez point de moi votre Saint-Esprit.

Rendez à mon ame la joie qu'elle recevra, dès que vous serez son salut ; & assurez si bien mes forces par votre esprit, que je ne tremble plus.

i-ra | juſ-que | dans | mes | os | af-foi-blis | par | le | tra-vail. |

Dé-tour-nez | vos | yeux | de | mes | pé-chés, | ef-fa-cez | les | ta-ches | de | mes | i-ni-qui-tés. |

Mon | Dieu, | met-tez | un | cœur | net | dans | mon | ſein; | re-nou-vel-lez | dans | mes | en-trail-les | l'eſ-prit | d'in-no-cen-ce. |

Ne | me | con-dam-nez | point | à | de-meu-rer | é-loi-gné | de | vo-tre | pré-ſen-ce; | ne | re-ti-rez | point | de | moi | vo-tre | Saint- | Eſ-prit. |

Ren-dez | à | mon | a-me | la | joie | qu'el-le | re-ce-vra, | dès | que | vous | ſe-rez | ſon | ſa-lut; | & | aſ-ſu-rez | ſi | bien | mes | for-ces | par | vo-tre | eſ-prit, | que | je | ne | trem-ble | plus. |

J'enseignerai vos voies aux méchans, & les impies convertis imploreront votre miséricorde.

O mon Dieu, le Dieu de mon salut, purgez-moi du crime d'homicide, & ma langue s'estimera heureuse de raconter les miracles de votre justice.

Seigneur, ouvrez, s'il vous plaît, mes levres, & ma bouche aussitôt annoncera vos louanges.

Car si vous eussiez voulu des sacrifices, j'eusse tenu à l'honneur d'en charger vos Autels ; mais je sais bien que les holocaustes ne peuvent appaiser votre courroux.

Un esprit affligé du regret de

J'en-ſei-gne-rai | vos | voies | aux | mé-chans, | & | les | im-pies | con-ver-tis | im-plo-re-ront | vo-tre | mi-ſé-ri-cor-de. |

O | mon | Dieu, | le | Dieu | de | mon | ſa-lut, | pur-gez- | moi | du | cri-me | d'ho-mi-ci-de, | & | ma | lan gue | s'eſ-tí-me-ra | heu-reu-ſe | de | ra-con-ter | les | mi-ra-cles | de | vo-tre | juſ-ti-ce. |

Sei-gneur, | ou-vrez, | s'il | vous | plaît, | mes | le-vres, | & | ma | bou-che | auſ-ſi-tôt | an-non-ce-ra | vos | lou-an-ges. |

Car | ſi | vous | euſ-ſi-ez | vou-lu | des | ſa-cri-fi-ces, | j'euſ-ſe | te-nu | à | l'hon-neur | d'en | char-ger | vos | au-tels ; | mais | je | ſais | bien | que | les | ho-lo-cauſ-tes | ne | peu-vent | ap-pai-ſer | vo-tre | cour-roux. |

Un | eſ-prit | af-fli-gé | du | re-gret | de |

ses péchés, est le sacrifice agréable à Dieu ; mon Dieu, vous ne mépriserez point un cœur contrit & humilié.

Seigneur, favorisez la ville de Sion, suivant votre bonté accoutumée, & permettez que les murailles de Jérusalem soient relevées.

Alors vous agréerez les sacrifices de justice ; vous accepterez nos oblations & nos holocaustes, & l'on offrira des veaux sur vos Autels.

Gloire soit au Pere, &c.

PSEAUME 101.

SEIGNEUR, exaucez ma priere, & permettez que mon cri aille jusqu'à vous.

ſes | pé-chés , | eſt | le | ſa-cri-fi-ce | a-gré-a-ble | à | Dieu : | mon | Dieu , | vous | ne | mé-pri-ſe-rez | point | un | cœur | con-trit | & | hu-mi-li-é. |

Sei-gneur, | fa-vo-ri-ſez | la | vil-le | de | Si-on, | ſui-vant | vo-tre | bon-té | ac-cou-tu-mée, | & | per-met-tez | que | les | mu-rail-les | de | Jé-ru-ſa-lem | ſoient | re-le-vées. |

A-lors | vous | a-gré-e-rez | les | ſa-cri-fi-ces | de | juſ-ti-ce; | vous | ac-cep-te-rez | nos | o-bla-ti-ons | & | nos | ho-lo-cauſ-tes , | & | l'on | of-fri-ra | des | veaux | ſur | vos | Au-tels. |

Gloi-re | ſoit | au | Pe-re , | &c. |

PSEAU-ME | 101. |

SEI-GNEUR, | e-xau-cez | ma | pri-e-re, | & | per-met-tez | que | mon | cri | ail-le juſ-qu'à | vous. |

Ne détournez point votre visage de dessus ma misere ; mais prêtez l'oreille à ma voix, quand je suis en affliction.

En quelque tems que je vous invoque, exaucez-moi promptement.

Parce que mes jours s'écoulent comme la fumée, & mes os se consument comme un tison dans le feu.

Mon cœur outré de tristesse, me fait ressembler à cette herbe coupée qui est sans vigueur, & mon ame est si affligée que j'oublie de manger mon pain.

A force de me plaindre & de

Ne | dé-tour-nez | point | vo-tre | vi-ſa-ge | de | deſ-ſus | ma | mi-ſe-re ; | mais | prê-tez | l'o-reil-le | à | ma | voix , | quand | je | ſuis | en | af-flic-ti-on. |

En | quel-que | tems | que | je | vous | in-vo-que , | e-xau-cez- | moi | promp-te-ment. |

Par-ce | que | mes | jours | s'é-cou-lent | com-me | la | fu-mée , | & | mes | os | ſe | con-ſu-ment | com-me | un | ti-ſon | dans | le | feu. |

℣ Mon | cœur | ou-tré | de | triſ-teſ-ſe | me | fait | reſ-ſem-bler | à | cet-te | her-be | cou-pée | qui | eſt | ſans | vi-gueur , | & | mon | a-me | eſt | ſi | af-fli-gée | que | j'ou-blie | de | man-ger | mon | pain. |

A | for-ce | de | me | plain-dre | & | de |

soupirer, mes os tiennent à ma peau.

Je ressemble au pélican dans le désert, ou à la chouette ennemie de la lumiere, qui se tient dans les trous d'une maison.

Je ne repose point toutes les nuits; je demeure solitaire comme le passereau dans son nid.

Mes ennemis me font des reproches tout le long de la journée; & ceux qui m'ont donné des louanges se sont efforcés de me déshonorer.

Voyant que je mangeois de la cendre au lieu de pain, & que je mêlois mon breuvage avec l'eau de mes pleurs.

ſou-pi-rer, | mes | os | tien-nent | à | ma | peau. |

Je | reſ-ſem-ble | au | pé-li-can | dans | le | dé-ſert, | ou | à | la | chou-et-te | en-ne-mie | de | la | lu-mi-e-re, | qui | ſe | tient | dans | les | trous | d'u-ne | mai-ſon. |

Je | ne | re-po-ſe | point | tou-tes | les | nuits ; | je | de-meu-re | ſo-li-tai-re | com-me | le | paſ-ſe-reau | dans | ſon | nid. |

Mes | en-ne-mis | me | ſont | des | re-pro-ches | tout | le | long | de | la | jour-née ; | & | ceux | qui | m'ont | don-né | des | lou-an-ges | ſe | ſont | ef-for-cés | de | me | dé-sho-no-rer. |

Vo-yant | que | je | man-geois | de | la | cen-dre | au | lieu | de | pain, | & | que | je | mê-lois | mon | breu-va-ge | a-vec | l'eau | de | mes | pleurs. |

Devant la présence de votre colere & de votre indignation ; puisque, après m'avoir élevé, vous m'avez si fort abattu ;

Mes jours sont comme l'ombre du soir qui s'obscurcit & s'allonge, la nuit approchant ; le chagrin me fait sécher comme le foin.

Mais vous, Seigneur, qui demeurez éternellement, la mémoire de votre nom sera immortelle, passant de génération en génération.

Tournez vos regards sur Sion, quand vous reviendrez de votre sommeil ; prenez pitié de ses miseres, puisqu'il est tems de lui pardonner.

Il est vrai que ses pierres sont devant

De-vant | la | pré-ſen-ce | de | vo-tre | co-le-re | & | de | vo-tre | in-di-gna-ti-on ; | puiſ-que, | a-près | m'a-voir | é-le-vé, | vous | m'a-vez | ſi | fort | a-bat-tu. |

Mes | jours | ſont | com-me | l'om-bre | du | ſoir | qui | s'obſ-cur-cit | & | s'al-lon-ge; | la | nuit | ap-pro-chant, | le | cha-grin | me | fait | ſé-cher | com-me | le | foin. |

Mais | vous, | Sei-gneur, | qui | de-meu-rez | é-ter-nel-le-ment, | la | mé-moi-re | de | vo-tre | nom | ſe-ra | im-mor-tel-le, | paſ-ſant | de | gé-né-ra-ti-on | en | gé-né-ra-ti-on. |

Tour-nez | vos | re-gards | ſur | Si-on, | quand | vous | re-vien-drez | de | vo-tre | ſom-meil; | pre-nez | pi-ti-é | de | ſes | mi-ſe-res, | puiſ-qu'il | eſt | tems | de | lui | par-don-ner. |

Il | eſt | vrai | que | ſes | pier-res | ſont |

tellement cheres à vos serviteurs, qu'ils ont regret de voir une si belle ville détruite.

Alors, Seigneur, votre nom sera redouté par toutes les nations, & votre gloire épouvantera tous les Rois de la terre.

Quand on saura que vous avez rebâti Sion, où le Seigneur paroîtra dans sa gloire.

Il regardera favorablement la priere des humbles, & ne tiendra point leur supplication digne de mépris.

Toutes ces choses seront consignées dans l'histoire pour l'instruction de la postérité, qui en donnera des louanges au Seigneur.

tel-le-ment | che-res | à | vos | ser-vi-teurs, | qu'ils | ont | re-gret | de | voir | u-ne | si | bel-le | vil-le | dé-trui-te. |

A-lors, | Sei-gneur, | vo-tre | nom | se-ra | re-dou-té | par | tou-tes | les | na-ti-ons, | & | vo-tre | gloi-re | é-pou-van-te-ra | tous | les | Rois | de | la | ter-re. |

Quand | on | sau-ra | que | vous | a-vez | re-bâ-ti | Si-on, | où | le | Sei-gneur | pa-roî-tra | dans | sa | gloi-re. |

Il | re-gar-de-ra | fa-vo-ra-ble-ment | la | pri-e-re | des | hum-bles, | & | ne | tien-dra | point | leur | sup-pli-ca-ti-on | di-gne | de | mé-pris. |

Tou-tes | ces | cho-ses | se-ront | con-si-gnées | dans | l'his-toi-re | pour | l'ins-truc-ti-on | de | la | pos-té-ri-té, | qui | en | don-ne-ra | des | lou-an-ges | au | Sei-gneur.

F 2

Il regarde ici-bas du saint lieu, où son Trône est élevé; & du Ciel, où il réside, il jette ses yeux sur la terre.

Pour entendre les cris de ceux qui sont dans les fers, & pour rompre les chaînes de ceux qui sont condamnés à la mort.

Afin que le nom du Seigneur soit honoré dans Sion, & que sa louange soit chantée en Jérusalem.

Quand tous les peuples s'assembleront, & que les Royaumes s'uniront pour le servir & pour adorer son pouvoir.

Mais je sens qu'il abat mes forces, par la longueur du chemin;

Il | re-gar-de | i-ci- | bas | du | ſaint | lieu | où | ſon | Trô-ne | eſt | é-le-vé ; | & | du | Ciel | où | il | ré-ſi-de, | il | jet-te | ſes | yeux | ſur | la | ter-re. |

Pour | en-ten-dre | les | cris | de | ceux | qui | ſont | dans | les | fers, | & | pour | rom-pre | les | chaî-nes | de | ceux | qui | ſont | con-dam-nés | à | la | mort. |

A-fin | que | le | nom | du | Sei-gneur | ſoit | ho-no-ré | dans | Si-on, | & | que | ſa | lou-an-ge | ſoit | chan-tée | en | Jé-ru-ſa-lem. |

Quand | tous | les | peu-ples | s'aſ-ſem-ble-ront, | que | les | Ro-yau-mes | s'u-ni-ront | pour | le | ſer-vir | & | pour | a-do-rer | ſon | pou-voir. |

Mais | je | ſens | qu'il | a-bat | mes | for-ces, | par | la | lon-geur | du | che-min ; |

il a diminué le nombre de mes jours.

C'est pourquoi je m'adresse à mon Dieu, & j'ai dit : Seigneur, ne m'ôtez pas du monde au milieu de ma vie ; vos années ne finiront jamais.

Car c'est vous qui dès le commencement avez assuré les fondemens de la terre ; & les Cieux sont les œuvres de vos mains.

Mais ils périront, & il n'y aura que vous seul de permanent ; & toutes ces choses vieilliront comme le vêtement.

Et vous les changerez comme un manteau, ou comme un pavillon, & vous serez toujours le

il | a | di-mi-nu-é | le | nom-bre | de |
mes | jours. |

C'eſt | pour-quoi | je | m'a-dreſ-ſe | à |
mon | Dieu, | & | j'ai | dit: | Sei-gneur, |
ne | m'ô-tez | pas | du | mon-de | au | mi-
lieu | de | ma | vie; | vos | an-nées | ne |
fi-ni-ront | ja-mais. |

Car | c'eſt | vous | qui | dès | le | com-
men-ce-ment | a-vez | aſ-ſu-ré | les | fon-
de-mens | de | la | ter-re; | & | les |
Cieux | ſont | les | œu-vres | de | vos |
mains. |

Mais | ils | pé-ri-ront, | & | il | n'y |
au-ra | que | vous | ſeul | de | per-ma-
nent, | & | tou-tes | ces | cho-ſes | vieil-li-
ront | com-me | le | vê-te-ment. |

Et | vous | les | chan-ge-rez | com-me |
un | man-teau, | ou | com-me | un | pa-
vil-lon, | & | vous | ſe-rez | tou-jours | le |

même que vous avez été, sans que vos années prennent jamais de fin.

Toutefois les enfans de vos serviteurs auront une demeure assurée ; & ceux qui naîtront d'eux jouiront en votre présence d'une grande félicité.

Gloire soit au Pere, &c.

PSEAUME 129.

SEIGNEUR, je me suis écrié vers vous du profond abîme de mes ennuis : Seigneur, écoutez ma voix.

Rendez, s'il vous plaît, vos oreilles attentives aux tristes accens de mes plaintes.

Seigneur, si vous examinez de

mê-me|que|vous|a-vez|é-té,|ſans|que|vos|an-nées|pren-nent|ja-mais|de|fin.|

Tou-te-fois|les|en-fans|de|vos|ſer-vi-teurs|au-ront|u-ne|de-meu-re|aſ-ſu-rée;|&|ceux|qui|naî-tront|d'eux|joui-ront|en|vo-tre|pré-ſen-ce|d'u-ne|gran-de|fé-li-ci-té.|

Gloi-re|ſoit|au|Pe-re,|&c.|

PSEAU-ME | 129. |

SEI-GNEUR,|je|me|ſuis|é-cri-é|vers|vous|du|pro-fond|a-bî-me|de|mes|en-nuis:|Sei-gneur,|é-cou-tez|ma|voix.|

Ren-dez,|s'il|vous|plaît,|vos|o-reil-les|at-ten-ti-ves|aux|triſ-tes|ac-cens|de|mes|plain-tes.|

Sei-gneur,|ſi|vous|e-xa-mi-nez|de|

près nos offenses, qui est-ce qui pourra soutenir les effets de votre colere?

Mais la clémence & le pardon se trouvent chez vous, ce qui est cause que vous êtes craint & révéré, & que j'attends l'effet de vos promesses.

Mon ame s'étant assurée sur votre parole, a mis toutes ses espérances en Dieu.

Ainsi depuis la garde assise dès l'aube du jour, jusqu'à la sentinelle de la nuit, Israël espere toujours au Seigneur.

Car il y a dans le Seigneur une plénitude de miséricordes, & une abondance de grâces pour me racheter.

près | nos | of-fen-ſes, | qui | eſt- | ce | qui | pour-ra | ſou-te-nir | les | ef-fets | de | vo-tre | co-le-re ? |

Mais | la | clé-men-ce | & | le | par-don | ſe | trou-vent | chez | vous, | ce | qui | eſt | cau-ſe | que | vous | ê-tes | craint | & | ré-vé-ré, | & | que | j'at-tends | l'ef-fet | de | vos | pro-meſ-ſes. |

Mon | a-me | s'é-tant | aſ-ſu-rée | ſur | vo-tre | pa-ro-le, | a | mis | tou-tes | ſes | eſ-pé-ran-ces | en | Dieu. |

Ain-ſi | de-puis | la | gar-de | aſ-ſi-ſe | dès | l'au-be | du | jour, | juſ-qu'à | la | ſen-ti-nel-le | de | la | nuit, | Iſ-ra-ël | eſ-pe-re | tou-jours | au | Sei-gneur. |

Car | il | y | a | dans | le | Sei-gneur | u-ne | plé-ni-tu-de | de | mi-ſé-ri-cor-des, | & | u-ne | a-bon-dan-ce | de | grâ-ces | pour | me | ra-che-ter. |

Et c'est lui-même qui rachetera son peuple de tous ses péchés.

Gloire soit au Pere, &c.

PSEAUME 142.

SEIGNEUR, exaucez ma priere, prêtez vos oreilles à mon oraison, entendez-moi selon la vérité de vos promesses, & selon votre justice.

N'entrez point en jugement avec votre serviteur, car aucun ne peut jamais se justifier devant vous.

L'ennemi qui m'a persécuté sans me donner un moment de relâche, m'a presque réduit à expirer en mordant la poussiere.

Et

Et|c'eſt|lui-|mê-me|qui|ra-che-te-ra| ſon|peu-ple|de|tous|ſes|pé-chés.|

Gloi-re|ſoit|au|Pe-re, | &c.|

PSEAU-ME | 142. |

SEI-GNEUR, |e-xau-cez | ma |pri-e-re,| prê-tez|vos|o-reil-les|à|mon | o-rai-ſon,|en-ten-dez |moi|ſe-lon|la|vé-ri-té| de|vos|pro-meſ-ſes, | & |ſe-lon|vo-tre| juſ-ti-ce.|

N'en-trez | point | en | ju-ge-ment| a-vec|vo-tre|ſer-vi-teur,| car |au-cun| ne|peut|ja-mais|ſe|juſ-ti-fi-er | de-vant| vous.|

L'en-ne-mi | qui | m'a | per-ſé-cu-té| ſans|me|don-ner|un|mo-ment|de|re-lâ-che,|m'a|preſ-que|ré-duit|à |ex-pi-rer| en|mor-dant|la|pouſ-ſi-e-re.|

Il m'a jetté dans l'horreur des ténebres, comme si j'étois déja mort au monde ; & mon esprit se trouve agité par beaucoup d'inquiétude, & mon cœur se consume de douleur.

Mais je me suis consolé par le souvenir des tems passés, discourant en mon esprit de vos actions merveilleuses en faveur de nos peres, & méditant sur les ouvrages de vos mains.

Je vous tends les miennes, & mon ame vous désire avec autant d'impatiencc que la terre seche attend l'eau.

Seigneur, exaucez-moi donc promptement ; car mes forces me

Il | m'a | jet-té | dans | l'hor-reur | des | té-ne-bres, | com-me | ſi | j'é-tois | dé-jà | mort | au | mon-de ; | & | mon | eſ-prit | ſe | trou-ve | a-gi-té | par | beau-coup | d'in-qui-é-tu-de, | & | mon | cœur | ſe | con-ſu-me | de | dou-leur. |

Mais | je | me | ſuis | con-ſo-lé | par | le | ſou-ve-nir | des | tems | paſ-ſés, | diſ-cou-rant | en | mon | eſ-prit | de | vos | ac-ti-ons | mer-veil-leu-ſes | en | fa-veur | de | nos | pe-res, | & | mé-di-tant | ſur | les | ou-vra-ges | de | vos | mains. |

Je | vous | tends | les | mi-en-nes, | & | mon | a-me | vous | dé-ſi-re | a-vec | au-tant | d'im-pa-ti-en-ce | que | la | ter-re | ſe-che | at-tend | l'eau. |

Sei-gneur, | e-xau-cez- | moi | donc | promp-te-ment, | car | mes | for-ces | me |

quittent, & mon esprit est déja sur le bord de mes levres.

Ne détournez point de moi votre visage, afin que je ne devienne point semblable à ceux qui descendent dans l'abîme.

Mais plutôt qu'il vous plaise me faire entendre dès le matin la voix de votre miséricorde; puisque c'est en vous que j'ai mis mon espérance.

Montrez-moi le chemin par lequel je dois marcher, d'autant que mon ame est toujours élevée vers vous.

Seigneur, délivrez-moi du pouvoir de mes ennemis : je me jette entre vos bras, enseignez-moi à

quit-tent,| & | mon | eſ-prit | eſt | dé-jà|
ſur|le|bord|de|mes|le-vres.|

Ne|dé-tour-nez|point | de | moi | vo-
tre|vi-ſa-ge, | a-fin|que|je|ne|de-vi-en-
ne|point|ſem-bla-ble|à|ceux | qui | deſ-
cen-dent|dans|l'a-bî-me.|

Mais | plu-tôt | qu'il | vous | plai-ſe |
me | fai-re | en-ten-dre | dès | le | ma-tin|
la | voix | de | vo-tre|mi-ſé-ri-cor-de; |
puiſ-que | c'eſt | en | vous | que|j'ai|mis|
mon|eſ-pé-ran-ce.|

Mon trez-|moi|le | che-min | par | le-
quel|je|dois|mar-cher,|d'au-tant | que|
mon|a me|eſt|tou-jours | é-le-vée|vers|
vous.|

Sei-gneur,|dé-li-vrez-|moi | du | pou-
voir|de|mes|en ne-mis : | je | me|jet-te|
en-tre|vos|bras,|en-ſei-gnez-|moi|à |

faire votre volonté ; car vous êtes mon Dieu.

Votre esprit qui est bon, me conduira par une terre unie ; & pour la gloire de votre nom, Seigneur, vous me donnerez des forces & la vigueur selon votre équité.

Délivrez mon ame des afflictions qui l'oppressent ; & me faisant sentir les effets de votre miséricorde, exterminez mes ennemis.

Perdez tous ceux qui tâchent de m'ôter la vie par les peines qu'ils donnent à mon esprit ; car je suis votre serviteur.

Gloire soit au Pere, &c.

fai-re|vo-tre|vo-lon-té;|car|vous|ê-tes| mon|Dieu.|

Vo-tre|eſ-prit|qui|eſt|bon,|me| con-dui-ra|par|u-ne|ter-re|u-nie;| &|pour|la|gloi-re|de|vo-tre|nom,| Sei-gneur,|vous|me|don-ne-rez|des| for-ces,|&|la|vi-gueur|ſe-lon|vo-tre| é-qui-té.|

Dé-li-vrez|mon|a-me|des|af-flic-ti-ons|qui|l'op-preſ-ſent;|&|me|fai-ſant|ſen-tir|les|ef-fets|de|vo-tre| mi-ſé-ri-cor-de,|ex-ter-mi-nez|mes| en-ne-mis.|

Per-dez|tous|ceux|qui|tâ-chent|de| m'ô-ter|la|vie|par|les|pei-nes|qu'ils| don-nent|à|mon|eſ-prit;|car|je|ſuis| vo-tre|ſer-vi-teur.|

Gloi-re|ſoit|au|Pe-re,|&c.|

LES VÊPRES
DU DIMANCHE.
PSEAUME 109.

LE Seigneur a dit à mon Seigneur : soyez assis à ma droite.

Tandis que terrassant vos ennemis, je les ferai servir d'escabeau à vos pieds.

Le Seigneur fera sortir de Sion le sceptre de votre puissance, pour étendre votre empire au milieu des nations qui vous sont ennemies.

Votre peuple se rangera auprès de vous au jour de votre force, étant revêtu de la splendeur de vos Saints dès le moment de votre naissance, qui pa-

LES | VÊ-PRES |

DU | DI-MAN-CHE. |

PSEAU-ME | 109. |

LE | Sei-gneur | a | dit | à | mon | Sei-gneur : | ſo-yez | aſ-ſis | à | ma | droi-te. |

Tan-dis | que | ter-raſ-ſant | vos | en-ne-mis , | je | les | fe-rai | ſer-vir | d'eſ-ca-beau | à | vos | pieds. |

Le | Sei-gneur | fe-ra | ſor-tir | de | Si-on | le | ſcep-tre | de | vo-tre | puiſ-ſan-ce , | pour | é-ten-dre | vo-tre | em-pi-re | au | mi-li-eu | des | na-ti-ons | qui | vous | ſont | en-ne-mies. |

Vo-tre | peu-ple | ſe | ran-ge-ra | au-près | de | vous | au | jour | de | vo-tre | for-ce , | é-tant | re-vê-tu | de | la | ſplen-deur | de | vos | Saints | dès | le | mo-ment | de | vo-tre | naiſ-ſan-ce , | qui | paroîtra au monde comme la rosée de l'aurore.

Le Seigneur a juré, & il ne se rétractera point : vous êtes (dit-il) le Prêtre éternel selon l'ordre de Melchisédech.

Ce Dieu tout-puissant qui est à vos côtés, brisera l'orgueil des Rois au jour de sa fureur.

Il exercera sa justice sur toutes les nations ; il couvrira les champs de corps morts, & cassera la tête à plusieurs mutins qui sont sur la terre.

Il boira en chemin des eaux du torrent, & par là il s'élevera dans la gloire.

Gloire soit au Pere, &c.

roî-tra|au|mon-de|com-me|la|ro-ſée|de|l'au-ro-re.|

Le|Sei-gneur|a|ju-ré,|&|il|ne|ſe|ré-trac-te-ra|point:|vous|ê-tes|(dit-|il)|le|Prê-tre|é-ter-nel|ſe-lon|l'or-dre|de|Mel-chi-ſé-de-ch.|

Ce|Dieu|tout-|puiſ-ſant|qui|eſt|à|vos|cô-tés,|bri-ſe-ra|l'or-gueil|des|Rois|au|jour|de|ſa|fu-reur.|

Il|e-xer-ce-ra|ſa|juſ-ti-ce|ſur|tou-tes|les|na-ti-ons;|il|cou-vri-ra|les|champs|de|corps|morts,|&|caſ-ſe-ra|la|tê-te|à|plu-ſi-eurs|mu-tins|qui|ſont|ſur|la|ter-re.|

Il|boi-ra|en|che-min|des|eaux|du|tor-rent,|&|par|là|il|s'é-le-ve-ra|dans|la|gloi-re.|

Glo-re|ſoit|au|Pe-re,|&c.|

PSEAUME 110.

SEIGNEUR, je confesserai vos louanges de tout mon cœur, les publiant dans la société des justes, & dans l'assemblée des fideles.

Les ouvrages du Seigneur sont grands, & ceux qui les considerent ne peuvent se lasser de les admirer.

La gloire & la magnificence paroissent dans les ouvrages de ses mains : sa justice demeure inviolable pendant l'éternité.

Il nous fait célébrer la mémoire de ses merveilles; le bon & miséricordieux Seigneur qu'il est, il nourrit ceux qui le servent avec crainte.

Pseau-me | 110. |

Sei-gneur, | je | con-feſ-ſe-raï | vos | lou-an ges | de | tout | mon | cœur, | les | pu-bli-ant | dans | l'aſ-ſem-blée | des | juſ-tes | & | dans | l'aſ-ſem-blée | des | fi-de-les.

Les | ou-vra-ges | du | Sei-gneur | ſont | grands; | & | ceux | qui | les | con-ſi-de-rent | ne | peu-vent | ſe | laſ-ſer | de | les | ad mi-rer. |

La | gloi-re | & | la | ma-gni-fi-cen ce | pa-roiſ-ſent | dans | les | ou-vra-ges | de | ſes | mains: | ſa | juſ-ti-ce | de-meu-re | in-vi-o-la-ble | pen-dant | l'é-ter-ni-té. |

Il | nous | fait | cé-lé-brer | la | mé-moi-re | de | ſes | mer-veil-les; | le | bon | & | mi-ſé-ri-cor-di-eux | Sei-gneur | qu'il | eſt, | il | nour-rit | ceux | qui | le | ſer-vent | a-vec | crain-te. |

Il n'y a point de siecle ni de durée qui lui fasse perdre le souvenir de son alliance ; il fera paroître à son peuple la vertu de ses exploits.

Il augmentera son héritage par les biens des nations infideles, & l'on verra par les ouvrages de ses mains la vérité de ses promesses & l'infaillibilité de ses jugemens.

Rien ne pourra jamais ébranler la force de ses lois, fondées sur la durée de l'éternité, composées selon les regles de la vérité & de la justice.

Il lui a plu d'envoyer un Sauveur à son peuple, & de faire avec

Il | n'y | à | point | de | ſi-e-cle | ni | de | du-rée | qui | lui | faſ-ſe | per-dre | le | ſou-ve-nir | de | ſon | al-li-an-ce ; | il | fe-ra | pa-roî-tre | à | ſon | peu-ple | la | ver-tu | de | ſes | ex-ploits. |

Il | aug-men-te-ra | ſon | hé-ri-ta-ge | par | les | biens | des | na-ti-ons | in-fi-de-les, | & | l'on | ver-ra | par | les | ou-vra-ges | de | ſes | mains | la | vé-ri-té | de | ſes | pro-meſ-ſes | & | l'in-fail-li-bi-li-té | de | ſes | ju-ge-mens. |

Rien | ne | pour-ra | ja-mais | é-bran-ler | la | for-ce | de | ſes | lois, | fon-dées | ſur | la | du-rée | de | l'é-ter-ni-té, | com-po-ſées | ſe-lon | les | re-gles | de | la | vé-ri-té | & | de | la | juſ-ti-ce. |

Il | lui | a | plu | d'en-vo-yer | un | Sau-veur | à | ſon | peu-ple, | & | de | fai-re |

lui une alliance pour toute l'éternité.

Son nom saint & redoutable nous fait assez voir que le commencement de la sagesse est la crainte du Seigneur.

En effet, il n'y a que des personnes bien avisées qui observent ses préceptes : & leurs louanges subsisteront durant toute l'éternité.

Gloire soit au Pere, &c.

PSEAUME III.

HEureux est l'homme qui sert le Seigneur avec crainte, il ne trouve point de plaisir qui égale celui d'exécuter ses commandemens.

Sa postérité sera puissante sur

a-vec | lui | u-ne | al-li-an-ce | pour | tou-te | l'é-ter-ni-té. |

Son | nom | ſaint | & | re-dou-ta-ble | nous | fait | aſ-ſez | voir | que | le | com-men-ce-ment | de | la | ſa-geſ-ſe | eſt | la | crain-te | du | Sei-gneur. |

En | ef-fet, | il | n'y | a | que | des | per-ſon-nes | bien | a-vi-ſées | qui | ob-ſer-vent | ſes | pré-cep-tes : | & | leurs | lou-an-ges | ſub-ſiſ-te-ront | du-rant | tou-te | l'é-ter-ni-té. |

Gloi-re | ſoit | au | Pe-re, | &c. |

Pseau-me | III. |

HEu-reux | eſt | l'hom-me | qui | ſert | le | Sei-gneur | a-vec | crain-te, | il | ne | trou-ve | point | de | plai-ſir | qui | é-ga-le | ce-lui | d'e-xé-cu-ter | ſes | com-man-de-mens. |

Sa | poſ-té-ri-té | ſe-ra | puiſ-ſan-te | ſur |

la terre, & la race des justes sera combiée de bénédictions.

La gloire & les richesses rendront sa maison florissante, & son équité subsistera éternellement.

Ainsi la lumiere se répand sur les bons parmi les ténebres, parce que le Seigneur est juste, pitoyable & miséricordieux.

L'homme qui, sensible aux afflictions de son prochain, l'assiste selon sa commodité, & qui regle ses paroles & ses actions sur les préceptes de la justice, est vraiment heureux, parce qu'il ne sera jamais ébranlé.

Sa mémoire sera immortelle, & il ne craindra point que les

la|ter-re,|&|la|ra-ce|des|juſ-tes|ſe-ra|com-blée|de|bé-né-dic-ti-ons.|

La | gloi-re | & | les | ri-cheſ-ſes | ren-dront | ſa | mai-ſon | flo-riſ-ſan-te,| &|ſon|é-qui-té|ſub-ſiſ-te-ra|é-ter-nel-le-ment.|

Ain-ſi | la |lu-mi-e-re|ſe|ré-pand|ſur|les|bons|par-mi|les|té-ne-bres,|par-ce|que | le|Sei-gneur|eſt|juſ-te, | pi-to-ya-ble|&|mi-ſé-ri-cor-di-eux.|

L'hom-me|qui, | ſen-ſi-ble | aux | af-flic-ti-ons|de|ſon|pro-chain,|l'aſ-ſiſ-te|ſe-lon | ſa | com-mo-di-té, | qui | re-gle|ſes|pa-ro-les | & | ſes |ac-ti-ons|ſur|les|pré-cep-tes|de | la |juſ-ti-ce, | eſt | vrai-ment|heu-reux, |par-ce|qu'il|ne|ſe-ra|ja-mais|é-bran-lé.|

Sa | mé-moi-re | ſe-ra|im-mor-tel-le, | & | il | ne | crain-dra | point | que | les|

langues médisantes déshonorent sa réputation.

Son cœur est disposé à mettre toute sa confiance au Seigneur, sans avoir aucune pensée de l'en détourner jamais : il ne craint rien, & il attend avec constance la déroute de ses ennemis.

Et parce que dans la distribution de ses biens, il en a usé libéralement envers les nécessiteux, sa justice demeurera éternellement, & sa puissance sera honorée de tout le monde.

Les méchans voyant cela, créveront de dépit, de rage ; ils en grinceront les dents, ils en sécheront de colere ; mais ils seront frustrés en leur attente, car les

lan-gues | mé-di-ſan-tes | déſ-ho-no-rent |
ſa | ré-pu-ta-ti-on. |

Son | cœur | est | diſ-po-ſé | à | met-tre |
tou-te | ſa | con-fi-an-ce | au | Sei-gneur, |
ſans | a-voir | au-cu-ne | pen-ſée | de | l'en |
dé-tour-ner | ja-mais : | il | ne | craint |
rien, | & | il | at-tend | a-vec | conſ-tan-ce |
la | dé-rou-te | de | ſes | en-ne-mis. |

Et | par-ce | que | dans | la | diſ-tri-bu-
ti-on | de | ſes | biens, | il | en | a | u-ſé | li-
bé-ra-le-ment | en vers | les | né-ceſ-ſi-teux, |
ſa | juſ-ti-ce | de-meu-re-ra | é-ter-nel-le-
ment, | & | ſa | puiſ-ſan ce | ſe-ra | ho-no-
rée | de | tout | le | mon-de. |

Les | mé-chans | vo-yant | ce-la, | cré-
ve-ront | de | dé-pit, | de | ra-ge; | ils | en |
grin-ce-ront | les | dents, | ils | en | ſé-che-
ront | de | co-le-re; | mais | ils | ſe-ront |
fruſ-trés | en | leur | at-ten-te, | car | les

désirs des méchans périront.

Gloire soit au Pere, &c.

PSEAUME 112.

ENFANS, qui êtes appellés au service du Seigneur, louez son saint Nom.

Que le nom du Seigneur soit béni dès à présent, & pendant toute l'éternité.

Car depuis le soleil levant jusqu'au point qu'il se couche, le nom du Seigneur mérite des louanges.

Le Seigneur est exalté par-dessus toutes les nations, sa gloire est élevée par-dessus les cieux.

Qui est-ce donc qui peut entrer en comparaison avec le Seigneur

dé-ſirs | des | mé-chans | pé-ri-ront. |

Gloi-re|ſoit|au|Pe-re, | &c. |

PSEAU-ME | 112. |

EN fans, | qui | ê-tes | ap-pel-lés | au|ſer-vi-ce|du|Sei-gneur,|lou-ez| ſon|ſaint|Nom.|

Que | le | nom | du | Sei-gneur | ſoit| bé-ni|dès| à | pré-ſent, | & | pen-dant| tou-te|l'é-ter-ni-té.|

Car | de-puis | le | ſo-leil | le-vant | juſ-qu'au | point | qu'il | ſe | cou-che, | le|nom | du | Sei-gneur | mé-ri-te|des| lou-an-ges.

Le|Sei-gneur | eſt|e-xal-té |par-|deſ-ſus|tou-tes|les|na-ti-ons, | ſa | gloi-re | eſt|é-le-vée|par-|deſ ſus|les|cieux.|

Qui|eſt-|ce|donc|qui |peut | en-trer| en|com-pa-rai-ſon|a-vec|le | Sei-gneur|

notre Dieu, qui demeure là haut, & qui s'abaisse toutefois jusqu'à considérer les choses qui sont dans le ciel & sur la terre.

Il releve les misérables de la poussiere, & retire les plus pauvres de la fange.

Pour les établir dans les charges honorables, pour leur faire part du gouvernement des affaires avec les Princes de son peuple.

Qui rend féconde la femme stérile, & la rend joyeuse, la faisant mere de plusieurs enfans.

Gloire soit au Pere, &c.

PSEAUME 113.

EN cette mémorable sortie que fit Israël hors de l'Egypte, notre

no-tre | Dieu, | qui | de-meu-re | là | haut, | & | qui | s'a-baiſ-ſe | tou-te- | fois | juſ-qu'à | con-ſi-dé-rer | les | cho-ſes | qui | ſont | dans | le | ciel | & | ſur | la | ter-re. |

Il | re-le-ve | les | mi-ſé-ra-bles | de | la | pouſ-ſi-e-re, | & | re-ti-re | les | plus | pau-vres | de | la | fan-ge. |

Pour | les | é-ta-blir | dans | les | char-ges | ho-no-ra-bles, | pour | leur | fai-re | part | du | gou-ver-ne-ment | des | af-fai-res | a-vec | les | Prin-ces | de | ſon | peu-ple.

Qui | rend | fé-con-de | la | fem-me | ſté-ri-le, | & | la | rend | jo-yeu-ſe, | la | fai-ſant | me-re | de | plu-ſieurs | enfans.

Gloi-re | ſoit | au | Pe-re, | &c. |

PSEAU-ME | 113. |

EN | cet-te | mé-mo-ra-ble | ſor-tie | que | fit | Iſ-ra-ël | hors | de | l'E-gyp-te, |

après que la maison de Jacob fut délivrée de la captivité où elle étoit réduite chez un peuple barbare.

Dieu choisit la Judée pour y dresser son Sanctuaire, & pour établir son empire en Israël.

La mer vit cette haute entreprise, & prit la fuite; & le Jourdain, arrêtant ses eaux, les fit remonter du côté de sa source.

Les montagnes ont sauté comme les béliers, & les collines ont tressailli de joie dans les plaines, comme les petits agneaux auprès de leurs meres.

Mais dites-nous, grande mer, qui est-ce qui vous épouvanta

a-près | que | la | mai-ſon | de | Ja-cob | fut | dé-li-vrée | de | la | cap-ti-vi-té | où | el-le | é-toit | ré-dui-te | chez | un | peu-ple | bar-ba-re. |

Dieu | choi-ſit | la | Ju-dée | pour | y | dreſ-ſer | ſon | Sanc-tu-ai-re, | & | pour | é-ta-blir | ſon | em-pi-re | en | Iſ-ra-ël.

La | mer | vit | cet-te | hau-te | en-tre-pri-ſe, | & | prit | la | fui-te ; | & | le | Jour-dain, | ar-rê-tant | ſes | eaux, | les | fit | re-mon-ter | du | cô-té | de | ſa | ſour-ce. |

Les | mon-ta-gnes | ont | ſau-té | com-me | les | bé-liers, | & | les | col-li-nes | ont | treſ-ſail-li | de | joie | dans | les | plai-nes, | com-me | les | pe-tits | a-gneaux | au-près | de | leurs | me-res. |

Mais | di-tes- | nous, | gran-de | mer, | qui | eſt- | ce | qui | vous | é-pou-van-ta |

si fort, que vous vous retirâtes en fuyant; & vous fleuve du Jourdain, qui vous fit retourner en arriere?

Vous montagnes, pourquoi bondissiez-vous comme des agneaux auprès de leurs meres?

C'est que devant la face du Seigneur, la terre s'est émue; c'est qu'elle a senti les agitations de la crainte en la présence du Dieu de Jacob.

Qui fait sortir des étangs de la pierre, & qui convertit les rochers en fontaines.

Non point à nous, Seigneur, non point à nous, mais à votre nom, donnez la gloire qui lui appartient.

ſi|fort, | que | vous | vous|re-ti-râ-tes| en | fu-yant; | & | vous | fleu-ve | du | Jour-dain , | qui | vous| fit |re-tour-ner| en|ar-ri-e-re.|

Vous|mon-ta-gnes, | pour quoi|bon-diſ-ſiez-|vous|com-me | des | a-gneaux | au-près|de|leurs|me-res?|

C'eſt|que|de-vant|la | fa-ce | du | Sei-gneur, |la | ter-re | s'eſt | é-mue; | c'eſt| qu'el-le | a | ſen-ti | les | a-gi-ta-ti-ons | de | la | crain-te | en | la | pré-ſen-ce|du| Dieu|de|Ja-cob.|

Qui|fait|ſor-tir|des | é-tangs | de|la| pier-re, | & | qui | con-ver-tit | les | ro-chers|en|fon-tai-nes.|

Non | point | à | nous, | Sei-gneur, | non | point | à | nous, | mais | à | vo-tre| nom, |don-nez|la|gloi-re | qui| lui | ap-par-tient.|

A cause de la grandeur de votre miséricorde & de la vérité de vos promesses, afin que les Nations ne disent point : où est leur Dieu ?

Car il est au Ciel, où il fait tout ce qu'il lui plaît, sans que sa puissance soit limitée.

Mais les simulacres des Gentils sont or & argent, ouvrages des mains des hommes.

Ils ont une bouche & ne parlent point ; ils ont des yeux & ne voient rien.

Ils ne sont pas capables d'écouter avec leurs oreilles, ni de flairer avec leurs narines.

Leurs mains sont inutiles pour

A | cau-ſe | de | la | gran-deur | de | vo-tre | mi-ſé-ri-cor-de | & | de | la | vé-ri-té | de | vos | pro-meſ-ſes, | a-fin | que | les | Na-ti-ons | ne | di-ſent | point : | où | eſt | leur | Dieu ? |

Car | il | eſt | au | Ciel, | où | il | fait | tout | ce | qu'il | lui | plaît, | ſans | que | ſa | puiſ-ſan-ce | ſoit | li-mi-tée. |

Mais | les | ſi-mu-la-cres | des | Gen-tils | ſont | or | & | ar-gent, | ou-vra-ges | des | mains | des | hom-mes. |

Ils | ont | u-ne | bou-che | & | ne | par-lent | point ; | ils | ont | des | yeux | & | ne | voient | rien. |

Ils | ne | ſont | pas | ca-pa-bles | d'é-cou-ter | a-vec | leurs | o-reil-les, | ni | de | flai-rer | a-vec | leurs | na-ri-nes. |

Leurs | mains | ſont | i-nu-ti-les | pour |

toucher, leurs pieds sont incapables de marcher : ils ne sauroient rendre aucun son de leur gorge.

Que ceux-là qui les font, leur puissent ressembler, & tous les hommes qui mettent en eux leur confiance.

La maison d'Israël a mis toute son espérance au Seigneur ; qui est prêt à son secours, car il est son protecteur.

La maison d'Aaron a espéré en sa seule bonté ; il est son appui & son protecteur.

Ceux qui craignent le Seigneur, se confient en lui : il est leur refuge & leur protecteur.

tou-cher, | leurs | pieds | ſont | in-ca-pa-bles | de | mar-cher: | ils | ne | ſau-roient | ren-dre | au-cun | ſon | de | leur | gor-ge. |

Que | ceux- | là | qui | les | font, | leur | puiſ-ſent | reſ-ſem-bler, | & | tous | les | hom-mes | qui | met-tent | en | eux | leur | con-fi-an-ce. |

La | mai-ſon | d'Iſ-ra-ël | a | mis | tou-te | ſon | eſ-pé-ran-ce | au | Sei-gneur; | qui | eſt | prêt | à | ſon | ſe-cours, | car | il | eſt | ſon | pro-tec-teur. |

La | mai-ſon | d'A-a-ron | a | eſ-pé-ré | en | ſa | ſeu-le | bon-té; | il | eſt | ſon | ap-pui | & | ſon | pro-tec-teur. |

Ceux | qui | crai-gnent | le | Sei-gneur, | ſe | con-fient | en | lui: | il | eſt | leur | re-fu-ge | & | leur | pro-tec-teur. |

Le Seigneur s'est souvenu de nous, & nous a donné sa bénédiction. Il a comblé de faveurs la maison d'Israël ; il a béni la maison d'Aaron.

Il a répandu ses grâces sur tous ceux qui réverent sa puissance, depuis les plus grands jusqu'aux plus petits.

Que le Seigneur vous favorise incessamment vous & vos enfans.

Puisque vous êtes aimés du Seigneur, qui a fait le Ciel & la terre.

Le Seigneur a choisi le Ciel très-haut pour sa demeure, & il a donné la terre aux enfans des hommes, (afin d'y habiter.)

Le | Sei-gneur | s'eſt | ſou-ve-nu | de | nous, | & | nous | a | don-né | ſa | bé-né-dic-ti-on. | Il | a | com-blé | de | fa-veurs | la | mai-ſon | d'Iſ-ra-ël; | il | a | bé-ni | la | mai-ſon | d'A-a-ron. |

Il | a | ré-pan-du | ſes | gra-ces | ſur | tous | ceux | qui | ré-ve-rent | ſa | puiſ-ſan-ce, | de-puis | les | plus | grands | juſ-qu'aux | plus | pe-tits. |

Que | le | Sei-gneur | vous | fa-vo-ri-ſe | in-ceſ-ſam-ment | vous | & | vos | en-fans. |

Puiſ-que | vous | ê-tes | ai-més | du | Sei-gneur, | qui | a | fait | le | Ciel | & | la | ter-re. |

Le | Sei-gneur | a | choi-ſi | le | Ciel | très- | haut | pour | ſa | de-meu-re, | & | il | a | don-né | la | ter-re | aux | en-fans | des | hom-mes, | (a-fin | d'y | ha-bi-ter.) |

Cependant, Seigneur, les morts ne vous louent point, ni ceux qui descendent dans les lieux profonds.

Mais nous, qui vivons, rendons continuellement des actions de graces au Seigneur, & reconnoissons à jamais ses faveurs.

Gloire soit au Pere, &c.

HYMNE.

CRéateur excellent de la lumiere, qui produisez celle des jours, préparant l'origine du monde par le commencement d'une clarté toute nouvelle.

Vous avez ordonné qu'on appelleroit jour le matin joint avec le soir, débrouillant l'horrible

Ce-pen-dant, | Sei-gneur, | les | morts | ne | vous | louent | point, | ni | ceux | qui | deſ-cen-dent | dans | les | lieux | pro-fonds.

Mais | nous | qui | vi-vons, | ren-dons | con-ti-nu-el-le-ment | des | a-cti-ons | de | grâ-ces | au | Sei-gneur, | & | re-con-noiſ-ſons | à | ja-mais | ſes | fa-veurs. |

Gloi-re | ſoit | au | Pe-re, | &c. |

H Y M - N E. |

CRé-a-teur | ex-cel-lent | de | la | lu-mie-re, | qui | pro-dui-ſez | cel-le | des | jours, | pré-pa-rant | l'o-ri-gi-ne | du | mon-de, | par | le | com-men-ce-ment | d'u-ne | clar-té | tou-te | nou-vel-le. |

Vous | a-vez | or-don-né | qu'on | ap-pel-le-roit | jour | le | ma-tin | joint | a-vec | le | ſoir, | dé-brouil-lant | l'hor-ri-ble |

confusion des choses , entendez nos prieres qui sont accompagnées de larmes.

De peur que l'esprit opprimé par les crimes ne soit privé des biens de la vie, tandis que ne songeant point à méditer les choses éternelles, il se précipite dans les liens du péché.

Qu'il pousse ses désirs jusque dans le Ciel, qu'il remporte le prix de la vie ; évitons tout ce qui lui peut être contraire, & par une sainte pénitence, purgeons notre ame de toutes ses iniquités.

Faites-nous cette faveur, Pere très-saint ; vous, son Fils unique, con-fu-ſi-on | des | cho-ſes , | en-ten-dez | nos | pri-e-res | qui | ſont | ac-com-pa-gnées | de | lar-mes. |

De | peur | que | l'eſ-prit | op-pri-mé | par | les | cri-mes | ne | ſoit | pri-vé | des | biens | de | la | vie , | tan-dis | que | ne | ſon-geant | point | à | mé-di-ter | les | cho-ſes | é-ter-nel-les , | il | ſe | pré-ci-pi-te | dans | les | li-ens | du | pé-ché. |

Qu'il | pouſ-ſe | ſes | dé-ſirs | juſ-que | dans | le | Ciel , | qu'il | rem-por-te | le | prix | de | la | vie : | é-vi-tons | tout | ce | qui | lui | peut | ê-tre | con-trai-re | & | par | u-ne | ſain-te | pé-ni-ten-ce , | pur-geons | no-tre | a-me | de | tou-tes | ſes | i-ni-qui-tés. |

Fai-tes- | nous | cet-te | fa-veur , | Pe-re | très- | ſaint, | vous , | ſon | Fils | u-ni-que, |

& vous, Esprit consolateur, qui regnez à perpétuité. Ainsi soit-il.

CANTIQUE DE LA VIERGE.

MON ame glorifie le Seigneur: Et mon esprit s'est réjoui en Dieu, auteur de mon salut.

Parce qu'il a regardé favorablement la bassesse de sa servante, c'est pourquoi je serai appelée bienheureuse dans la suite de tous les âges.

Car le Tout-puissant a opéré en moi de grandes merveilles, & son nom est saint.

Sa miséricorde passe de lignée en lignée en tous ceux qui le servent avec crainte.

& | vous, | Ef-prit | con-fo-la-teur | qui | ré-gnez | à | per-pé-tu-i-té. | Ain fi | foit | il. |

CAN-TI-QUE | DE | LA | VI-ER-GE. |

MOn | a-me | glo-ri-fie | le | Sei-gneur: | Et | mon | ef-prit | s'eft | ré-jou-i | en | Dieu, | au-teur | de | mon | fa-lut. |

Par-ce | qu'il | a | re-gar-dé | fa-vo-ra-ble-ment | la | baf-fef-fe | de | fa | fer-van-te, | c'eft | pour-quoi | je | fe-rai | ap-pel-lée | bien-heu-reu-fe | dans | la | fui-te | de | tous | les | â-ges. |

Car | le | Tout- | puif-fant | a | o-pé-ré | en | moi | de | gran-des | mer-veil-les, | & | fon | nom | eft | faint. |

Sa | mi-fé-ri-cor-de | paf-fe | de | li-gnée | en | li-gnée | en | tous | ceux | qui | le | fer-vent | a-vec | crain-te. |

Il a fait paraître la force de son bras, faisant avorter les desseins des superbes.

Il a fait descendre les puissans de leurs trônes, & a élevé les petits.

Il a rempli de biens les nécessiteux, & a réduit les riches à la mendicité.

Il a pris en sa protection son serviteur Israël, s'étant ressouvenu de sa mi éricorde.

Selon la parole qu'il en avait donnée à nos Peres, à Abraham & à toute sa postérité pour jamais.

Gloire soit au Pere &c.

Il | a | fait | pa-roî-tre | la for-ce | de | ſon | bras , | fai-ſant | a-vor-ter | les | deſ-ſeins | des | ſu-per-bes. |

Il | a | fait | deſ-cen-dre | les puiſ-ſans | de | leurs | trô-nes , | & | a | é-le-vé | les | pe-tits. |

Il | a | rem-pli | de | biens | les | né-ceſ-ſi-teux, | & | a | ré-duit | les | ri-ches | à | la | men-di-ci-té. |

Il | a | pris | en | ſa | pro-tec-ti-on | ſon | ſer-vi-teur | Iſ-ra-ël , | s'é-tant | reſ-ſou-ve-nu | de | ſa | mi-ſé-ri-cor-de. |

Se-lon | la | pa-ro-le | qu'il | en | a-voit | don-née | à | nos | Pe-res , | à | A-bra-ham | & | à | tou-te | ſa | po-ſté-ri-té | pour | ja-mais. |

Gloi-re | ſoit | au | Pe-re , | &c. |

ORAISON

A SAINTE GENEVIEVE,

Patrone de Paris.

HEureuse sainte, qui avez été choisie de Dieu entre tant d'autres pour être la Patrone de la plus grande Ville du monde, prenez encore, je vous prie, le soin de ma personne en particulier, & en conduisant ce Navire, jettez par fois quelques regards sur moi pour me servir d'intelligence & de guide durant cette navigation, où il y a tant de périls, & où on voit tant de naufrages. C'est donc entre vos bras, ô ma très-chère Patrone, que je me jette, & ce

O-RAI-SON

A | SAIN-TE | GÉ-NE-VI-E-VE, |

PA-TRO-NE | DE | PA-RIS. |

HEu-reu-ſe | ſain-te, | qui | a-vez | é-té | choi-ſie | de | Dieu | en-tre | tant | d'au-tres | pour | ê-tre | la | Pa-tro-ne | de | la | plus | gran-de | vil-le | du | mon-de, | pre-nez | en-co-re, | je | vous | prie, | le | ſoin | de | ma | per-ſon-ne | en | par-ti-cu-li-er; | & | en | con-dui-ſant | ce | na-vi-re, | jet-tez | par | fois | quel-ques | re-gards-ſur | moi, | pour | me | ſer-vir | d'in-tel-li-gen ce | & | de | gui-de | du-rant | cet-te | na-vi-ga-ti-on, | où | il | y | a | tant | de-pé-rils, | où | on | voit | tant | de | nau-fra-ges. | C'eſt | donc | en-tre | vos | bras, | ô | ma | très- | che-re | Pa-tro ne, | que | je | me | jet-te, | & | ce |

sont les aimables lumieres de votre divin flambeau que je veux suivre, afin qu'en cette vie ayant été par votre moyen délivré de toutes sortes d'ennemis visibles & invisibles, je puisse pour jamais vivre en paix dans le sein de mon Dieu, qui doit être le port de mes plus fideles amours & de mes espérances.

FIN.

ſont | les| ai-ma-bles | lu-mi-e-res | de | vo-tre | di-vin | flam-beau | que | je | veux | ſui-vre, | a-fin | qu'en | cet-te | vie | a-yant | é-té | par | vo-tre | mo-yen | dé-li-vré | de | tou-tes | ſor-tes | d'en-ne-mis | vi-ſi-bles | & | in-vi-ſi-bles, | je | puiſ-ſe | pour | ja-mais | vi-vre | en | paix | dans | le | ſein | de | mon | Dieu, | qui | doit | ê-tre | le | port | de | mes | plus | fi-de-les | a-mours | & | de | mes | eſ-pé-ran-ces. |

F I N.

www.ingramcontent.com/pod-product-compliance
Ingram Content Group UK Ltd.
Pitfield, Milton Keynes, MK11 3LW, UK
UKHW020239220726
13923UKWH00002B/747